Riscontri Poetici

- 7 -

AA. VV.

Poetica follia

Scintille di luce e poesia

a cura di Emilia Dente

Revisione del testo a cura di

Lorena Caccamo
Facebook: LoreCa Servizi Editoriali
email: loreservizieditoriali@gmail.com

Via Luigi Amabile 42
83100 Avellino
ass.riscontri@gmail.com

Sede legale: via degli Imbimbo 8/E
Sede operativa: via Luigi Amabile 42
83100 Avellino
tel. 340/6862179
e-mail: terebinto.edizioni@gmail.com
www.ilterebintoedizioni.it

INDICE

Prefazione

Una scintilla. La scintilla. Il lampo che distrugge e che crea. La luce che si infrange sul pavimento di specchi opachi dei pensieri e, nel silenzioso fragore, rivela l'anima e libera il respiro. È la follia, una poetica follia, l'alito leggero che soffia tra le pagine di questa antologia. Riflessioni profonde sulla vita e sull'amore, paesaggi della memoria e del cuore, il passato, il futuro, le radici del tempo e le speranze di ogni domani, gli occhi e il cuore dell'essere accanto; riflessioni nel profondo sentire degli autori che, alla ricerca della luce, ripropongono in maniera originale il folle tormento sulle tracce insidiose di nuove scelte linguistiche.

Gli autori di questa antologia sperimentano nuovi spazi e nuovi limiti, e, nel solco dell'audace cambiamento, liberano il respiro dei versi inquieti e la potenza curativa e liberatoria della scrittura. Saggia e poetica follia, principio temerario di sconvolgimento e mutazione, potenza vitale e dirompente che dal profondo ha originato il cammino evolutivo dell'uomo. Intrepida follia che qui, nel recinto dei versi e nel biancore dei fogli, sfida i canoni della scrittura convenzionale utilizzando inusuali grafemi, forme lessicali alternative nel conio di nuovi termini, nell'alterazione di forme verbali, nell'uso innovativo di enunciati tradizionali, nelle vivaci ed aspre associazioni, nelle colorate e corpose immagini.

Impavide parole si incamminano per le vie ambrate della poesia e, nella palude fiorita della scrittura, coltivano germogli nuovi. Parole coraggiose e sprovvedute, emozioni che si vestono di nuove forme linguistiche, espressioni e sensazioni che disegnano cieli di carta, laddove, come rivela la poetessa Annalina Paradiso *sopra di me / il cielo si scontra / coi confini dei miei / pensieri...*

L'uso sapiente ed efficace degli spazi è altro elemento notevole di questa narrazione poetica. Parole che si cercano e si inseguono nella traiettoria obliqua dei versi, parole che si intrecciano stringendosi e sostenendosi per dare forza ai pensieri, parole che si sfidano nell'attrito dei sensi e in disarmoniche espressioni, parole in gruppo, parole emarginate, parole solitarie, fieramente sole sulla vetta dei sentimenti, parole... semplici, profonde parole che lacerano i pensieri e acuiscono l'amarezza, orme pesanti nel cammino ombroso del foglio e nelle voragini del cuore. Sillabe frante come schegge di cuore. Il loro ordine in crescendo emotivo o la peculiare posizione che esse assumono nell'organizzazione strutturale dei versi in sequenze ordinate o volutamente confuse rendono queste parole strumenti affilati e utili chiavi di lettura per comprendere il valore di questo ordito poetico nella trama di una ragnatela sottile che imprigiona l'autore e il lettore tra le pagine dell'anima.

È una sfida ardua questa raccolta poetica, l'ennesima sfida della scrittura che si nasconde e si rivela, la scrittura che acuisce e cura la sofferenza dell'essere e le sue paure. Versi che fremono e si affannano nel tentativo di dipanare grovigli di pensieri che tormentano il cammino. Domande che si ripetono inquiete nella consapevolezza che non avranno risposta, immagini come lame sottili che graffiano l'anima nella percezione livida della vita.

È un esperimento letterario che ha il pregio dell'audacia e l'energia del cambiamento. *Ho soltanto un fiammifero e lame di ghiaccio* sussurra la poetessa Laura Vanoli nelle sue liriche… e un fiammifero basta ad illuminare la via del ritorno e ad accendere la scintilla creativa che infiamma i versi dei coraggiosi poeti che svelano l'eterno sentire nelle pagine di questa raccolta.

Emilia Dente

POETICA FOLLIA

Scintille di luce e poesia

Schizzi d'aria

di Alessandro Pallavicini

Alessandro Pallavicini è nato nel 1987 in Brasile (Guarulhos) per poi approdare da bambino tra le luci dell'alba capitolina. Storico dell'arte e appassionato bibliofilo e cinefilo, attualmente scrive su delle riviste specializzate e gestisce un B&B letterario ad Alberobello, in Puglia. I suoi versi cercano di rincorrere la musicalità del suo sentire come le note di un pentagramma il flusso ancestrale.

Mio amico, mio fedele pluriomicida

di qualche cosa mia non rimasta
con soffocato ripudio
questo vino non è di nessuno
Intanto la notte fuori
si rischiara
non prevista
e da qualche parte un insegnamento
viene strozzato alle tre di notte
e io non sono inciampato
per caso in questa collina
per non imparare
che ogni stella, per sua natura, non secerne
almeno due ore di oro
ma questo monito è solo per chi non sente la terra respi-
rare

Il vino morsicato

le strade di marmellata
e
il piacere di due
cadde come acqua
Questa città
Sta morendo
Rantolando
Ma io amo dove ci amiamo.
Ogni stazione di treni
È una rosa senza
Denti
& quando torni indietro
Hai pianificato
Il ritornare ad essere una nuvola bianca?
- Quasi sicuramente
Cosa posso dire?
E perdonare?
Ma aspetto
E alle tre di notte
Si rompono i lucchetti nei
Tuoi cappelli
Che non hai pianificato di donare.
& così fanno ancora più
rumore.

Lirica araba

Mistica compromessa
e rincorsa
nel giallo
di verde e acqua.
La notte si erge
meritata e
- Separa
- Stancamente
le ossa
(& nel silenzio di una donna
si schiudono le trame
di cinque deserti)

La Terra è morta digrignando i suoi alberi

ma non i suoi denti
ancora abbarbicata a tutte quelle locomotive
sbuffanti non prese
Ti ho vista con occhi nuovi di marca
Tanto non te li avevo presi io
e non mi importa a chi li svendi
In notti così è l'Inferno
a rompersi a metà e a riversarsi
qui sul ruscello della nostra miseria

Non confido in Cristo

ragionevolmente credo che i suoi seguaci siano affetti
da una leggera forma di cretinismo
Non credo nelle superstizioni
né rimango affascinato dalla loro semplicità folkloristica
Non ripongo tutto nella scienza
ragionevolmente su molte cose taccio
Non credo nella democrazia, uguaglianza
mi basta guardarmi nello specchio con un'altra persona
- tanto meno in quella tra umano e animale
Non ripongo speranze nel karma
talvolta si ha solo fortuna
Non credo al potere della musica
al massimo a quello del suo linguaggio
Non vorrei solo un sole
o una scialba luna
Credo, infine, che
conti solo lo sforzo delle scelte

Poetandomi appena

di Guido Prette

Da prima della nascita, ***Guido Prette*** soffre di una malattia che lui stesso definisce “bulimia verbale”, ossia essere perennemente un vulcano in eruzione, di lava di parole. Pertanto, lo scrivere assume in lui una funzione sia catartica che di limitazione necessaria, di sopravvivenza a favore del prossimo.
Si realizza, dapprima, facendo l’animatore in giro per l’Italia, alternando a questa felice attività, componimenti di ogni forgia possibile.
Dal 1990, impiegato presso l’Agenzia delle Entrate – riscossione di Asti, già Equitalia.
Si appassiona in modo seriale ai *comics* e inizia a “farcire” i muri di casa di librerie, per la gioia di moglie e figlia che non amano affatto i fumetti, e intanto, ostinatamente, continua a vergare di biro qualsiasi foglio lo chiami a sé.

Donnamore

Stanco, il giullare
ammutinò le parole,
e gli occhi della sua vita
si fermarono addosso
interruppero il passo.
Solo un mordace sorriso
scavalcò l'immoto che sfa
con la forza di un dito
premuto a riavvolgere
il nastro della sua malattia:
e lui divenne come il sole
girato intorno da parole,
da gambe-sguardi-baci e risate
una passarella di tutte quelle amate,
più distante quelle appena incontrate.
Le donne poi le diventò
qualunque cosa ch'egli amò
fu grato all'arte per averle raccontate;
al cielo, al mare, alla terra, ai sogni
per averle sempre assomigliate.
Dunque, la sveglia del senso comune
a bruciapelo, gli sparò del rumore,
del rumore sittanto da ferirlo
da bucargli il mantello azzurro e le piume,
si rivestì da buffone, da pagliaccio di treno

marionetta che dice:
il sesso è arcobaleno, ma le donne
non sono un DESTINO.

Il mulino dal profumo di famiglia

Dall'anello spendo i giorni
come binari sotto un treno
cerco i sogni tra la sabbia dei ritorni
con una mano vuota ed un pugno pieno,
ho un tiepido respiro piroetta
quasi fosse una farfalla in fretta,
con due vele a palpebra giocattolo
che tratteggiano due femminei visi,
uno grande a mandorla ed uno a cerbiatto piccolo
che nel mio cuore sono incisi.

9 mesi

Arriverà il giorno,
che le tue palpebre alate,
cominceranno la vita, a volare,
che la bocca dei tuoi polmoni
mangerà di fame, l'aria per respirare
ed io, disarmato
senza lo scudo dei 9 mesi,
ti sarò inerme di fronte
vestito appena dei miei difetti mai arresi;
avrei voluto davvero
essere per te molto di più
il resto che mi manca, però
potrai aggiungermelo solo tu!
Riceverai in dono, come tutti
Il tuo destino da scartare,
come un regalo obbligato,
che ti dovrai far bastare!

Il tuo piccolo papà!

Giro di vuoto

Giro, annegato dentro il vuoto
di un abisso di parole,
una foresta mi fa gioco
per masturbare quelle sole,
un anelito scintilla,
quasi a farmi da sorriso,
è una rima che zampilla
come un'eco in paradiso,
poso gli occhi sul cuscino,
mi rivesto da bambino:
marcio e zuppo di magia…
stendo in cuore, la mia ultima POESIA.

Sgoccia

Sgocciolo
come muro di stazione
dove il tempo si è appoggiato
e l'attesa si è nascosta
nei ritagli del passato,
sgocciola
per ciascuno questa vita
che non è mai abbastanza
tante lacrime o sorrisi
da diventarti mosaico in ogni stanza,
sgoccioliamo
come petali di farfalla
nelle ali dentro un fiore
in un battito cigliare
la malinconia arresa, muore.

Gratta e vinci

Gratta,
siamo tutti gratta e vinci
nelle mani di un chissà,
che vorace cerca in noi
una qualche utilità,
se non diamo la vittoria
arruffiamo a caso il fato,
smozzicando al fino in gloria
come giostra o slot machine:
stropicciati e inariditi
siamo tutti dentro un cestino,
avvinti e soli per la strada
a cercar altro destino.

Carnevale fuori stagione

Giochiamo tutti a carnevale,
a sanguinarci fino al male
con la maschera a balbettare
striduli sorrisi e ad ansimare:
troppe ore di clausura
come pesci nella rete,
che la noia, li cattura
come un deserto nella sete!
Se ti arrendi, vai da solo
prendi l'anima e sei suolo
un funerale non adesso
appena un saluto fa lo stesso:
siamo bestie nel recinto
con il cuore quasi stinto,
sembra un sogno da evitare
no, è il futuro da imparare!

Polmonia

Sfruscio fuori porta, per il pane
ma di gente, sento fame,
fuori il mondo è tutto a casa
ogni strada resta in posa,
mi vergogno ad avanzare,
ogni piede a sprofondare,
come dei polmoni sottovoce,
che si arrendono alla luce,
torno indietro, senza spesa
con i passi spenti, della resa,
ti maledico bastarda pandemia,
ladra d'aria e polmonia.

P.s. "tuttavia, anche se ci sgonfi i polmoni di vita, torneremo a respirare forte in gita!"

Le biciclette e le foglie di eucalipto

di Raffaele Russo

Raffaele Russo (Torre del Greco, 1987) dal 1998 scrive testi e musiche per canzoni, e tra il 2008 e il 2011 ha composto circa 200 poesie, tra le quali le quattro scelte per questo volume. Ha due lauree, in Scienze della comunicazione e in Scienze della formazione. In passato è stato giornalista per una testata di Torre del Greco e attualmente è docente di scuola primaria a Roma. Prima di queste poesie, ha pubblicato due libri: *L'esoterismo tra letteratura e cultura popolare* nel 2012 e *Gli Illuminati di Baviera tra storia e leggenda* nel 2020.

Tremolio di castori a bocca aperta

Si vede che non hai mai guidato una moto
Voluminosa di mattina presto
Sull'autostrada ad asfalto rovente
Di un'estate banale o un venerdì cautelato
Corsa eleva a me ogni fiaccola olimpica
Fammi sentire il migliore anche se non lo sono
E tenta sempre di guarirmi dagli entusiasmi elementari
Ogniqualvolta questi si manifestano
Fanno la loro apparizione come nelle scuole
Dove ricordo il primo giorno che ho letto
E scritto cose che adesso non rimembro
Ma sono membro onorario degli scriventi
E me ne vanto nel vento con e come un ventaglio
La connessione e il legamento logico
Perché cambiare i termini alla purezza…

Batteria di pentole

Batteria di pentole
Strascichi di nuvole
Passaggi a livello superiore
Intimità e golosità
Frastornata
Di una voluttuosa
Indecenza
Ingerenza
Cogente
Fatiscente
Falli scendere

Gru, gru, sollevano le macerie
E la carne va al macello
Ma l'acciaio resiste
Più dei denti
E delle genti moleste
A certe feste
Dove gli strumenti sono improvvisati…

Evidenza precaria

L'oscurità ha negato
Tutto quello che era da credere
E da vedere e da decidere
Le sorelle a volte sono antipatiche
Quando inneggiano alla maleducazione
Oppure quando fanno allusioni all'amore
Che ritorna e presta la frequenza all'intrusione
Di un ladro di casa di notte
Un topo d'appartamento
Non si parla è più semplice
Il telefono squilla
Ma la voce non brilla
D'affetto
Ma solo di dovere
O di educazione
Di rispetto
Per la decisione
O per la diversità in generale
Generale
Generale

Dietro la montagna
C'è una notte sicuramente buia e stagna…

Hotel Motel

Giunti alla fine
Con la moto senza benzina
Ci mettiamo a leggere
I versi dell'anima
E la trucida
Elevazione della mediocrità
Tutti allo stesso livello
Di passaggio
Tutti con l'illusione infinita
Dell'essere saggio…

Buonanotte
E sogni di bronzo…

Le nostre nuvole

di Lorenzo Antibo

Lorenzo Antibo nasce nel 2003 a Vigevano, una città della provincia di Pavia. Quando ha circa 15 anni scopre la sua passione per la composizione di poesie, nonostante il percorso di studi scientifico intrapreso; entra a far parte di un collettivo culturale della sua città che lo stimola nella produzione di liriche con lo scopo di aiutare gli altri, come ribadito più volte da lui stesso "le mie poesie non sono di nessuno, se non di chi ne necessita in quel momento". Ha intenzione di laurearsi in lettere moderne per diventare professore di lingua e letteratura italiana, ama ascoltare soprattutto Fabrizio de André e, più in generale, il cantautorato anni '60-'70. Il suo stile muta frequentemente ma i temi rimangono gli stessi: l'attenzione agli ultimi e la ricerca della felicità.

Felicità

Disse Trilussa
“la felicità è una piccola cosa”
invece io credo che sia solo la rosa,
che sboccia e sta lì, si risposa.

La calma e la quiete
dopo la tempesta
saranno a tutti gli effetti della vita la miglior festa.

Estate

Si prepara ad arrivare,
serena, l'Estate.

Venendo la sera
si abbassa di un poco la temperatura
e dall'altura
si scorge il tramonto, il sol par'una sfera
e un brivido per il fresco corre lungo la mia schiena.

Per certi versi

di Graziella Di Grezia

Graziella Di Grezia (FB: Grazi DG), trentanove anni è mamma di Lycio, Gabriele, Annarita.
È nata e vive ad Avellino.
Medico Radiologo, dottore di ricerca, si occupa in particolare di diagnostica senologica integrata.
Scrive di letteratura scientifica e medicina divulgativa.
Nel tempo libero si dedica alla musica e alla scrittura di poesie e di racconti brevi.
È socia fondatrice dell'Associazione "Pabulum" e Consigliere del Direttivo dell'Università Irpina del Tempo Libero.
Ha pubblicato: *Anima* (2000, Guida Editore); *Crisalide. Monologhi di una Gravidanza* (2015, Delta Tre Edizioni); *Viva* (2016, Vitale Edizioni, Sanremo – premio "Lettere a Letizia"); *Quest'anno non vado al mare* (2017, Vitale Edizioni Sanremo); *Versi Immersi* (Graus Edizioni, 2020).

1

Prendete l’amore come
una malattia
o come una cura.
Prendete l’amore come
un albero.
Radici e rami.
Profondo e superficiale.
Abitano il tronco come
un corpo.
Malato
curato
dalla stessa medicina
dallo stesso veleno.
Prendete l’amore
come un albero.
Tagliate i rami.
Lasciate le radici.

2

Amare
come essere
vivi.
A volte
una cosa
facile
A volte,
un miracolo.

3

Lasciami
la stanza
libera,
devo fare
l'amore
col blu
del cielo.

4

Aveva
raggiunto
il mio
orizzonte,
ma l’aveva
trovato
chiuso a chiave.

5

Abitavo
in una vita
con un soffitto
di ghiaccio.
Si è sciolto
solo per amore
del cielo.

Nel cerchio di pietra

di Vito Tricarico

Vito Tricarico è poeta e narratore appassionato di storia. Ha lavorato in Germania presso un'azienda automobilistica (Opel), in Francia presso un'Agenzia Doganale e con Trenitalia spa.
Pubblicazioni: *Una storia palese*, *Erculea proles*, *Gli scout di Palo si raccontano*, *Itinerari alla riscoperta del territorio di Palo*, *All'ombr du Spiaun*, *Civitas invicta*.
L'Autore è presente in diverse raccolte di poesia e di narrativa. Collabora con alcuni giornali locali. Con *PaloLive.it* ha pubblicato articoli dedicati alla riscoperta del proprio territorio. Questa sua passione lo porta alla riscoperta di percorsi antichi, con le chiese, masserie, trulli.

Il cerchio di pietra

Se qualcuno ti parla
del cerchio di pietra
la tua mente corre
a qualcosa di statico
e invece è, di sicuro è
ultradinamico.

È un gruppo che parte,
è un gruppo che va,
su per le colline
o tratturi e gravine.

Che cosa li unisce,
che cosa li spinge,
è la natura che attira,
che esercita il suo fascino.

E nascono amori
e nascono storie
e la poiana dall'alto
svolazza e s'invola.

Fra un piccolo stagno
e un bosco di fragno
nell'acqua i ditischi
e delle ciavole i fischi.

Se qualcuno ti parla
del cerchio di pietra,
la tua mente corre
ai sassi senza tempo
ed a noi lì seduti
ad ascoltare il vento.

Come una dea

Come la dea Minerva
con lo sguardo bello e fiero,
dal passo aggraziato
e con tocco leggero,
benedice i campi di ulivo,
con la stessa grazia e da tanti anni
tu fecondi la vita mia
con tanta passione e senza affanno.
Se c'è il sole che brucia
la nostra terra e il pianoro
tu sei la frescura ombreggiante,
sei l'ombra fitta di un alloro.
E quando viene il freddo forte,
la pioggia insistente o il gelo,
sei tu che mi dai calore
e m'avvolgi come sotto un telo.
Ormai son passati tanti anni,
se vuole Dio ne passeranno ancora
e mi piace scrivere di te
che sei il sole della mia aurora.
A te mi piace dedicare
quattro parole e un pensiero
con l'augurio di conservare di te
la grazia e il favore.

Nuvola rossa

Libera correvi
come acqua per declivi
ed apparisti a me
incrociasti il mio cammino.

Hai sorriso a un uomo
guerriero ed alla speranza
ed ora condividi
le sue difficoltà.

Nuvola rossa cavalca il mio destriero
Nuvola rossa percorri il mio sentiero.

Ci han tolto la prateria
e ci hanno confinati
il nostro raggio d'azione
tutto è delimitato.

Siam finiti nelle città
nelle case di cemento,
ci mancan gli orizzonti
ci manca il firmamento.
Nuvola rossa percorri il mio sentiero,
Nuvola rossa cavalca il mio destriero.

Di cavalli non c'è traccia
se non nei ricordi,
se non nei racconti
delle tue fantasie.

Dai monta sulla sella,
stringimi forte i fianchi
corriamo verso i campi
la finta libertà.

Nuvola rossa cavalca il mio destriero,
Nuvola rossa percorri il mio sentiero.

Ma il sentiero ormai
si è fatto autostrada
e la nostra vita
si è ormai sfaldata

Non ti preoccupare, non ti preoccupare,
deve andar così, deve andar così.
Nuvola rossa rimani solo tu
col vento lotterò, per trattenerti giù.

Frankfurt Banhof

Stupore per l'incontro
di tanti uomini bruni.
Suoni diversi, incomprensibili
si incrociano,
è l'incubo che ha trovato
un rifugio.
Ancora braccia battezzate
dall'esilio.
E tu… hai rifiutato la pietà
sognato un nuovo lavoro,
quanto hai penato!
Straniero,
nella tua terra nessuno ti attende,
come nella tua nuova patria.
Gastarbeiter:
solamente una pelle
sudicia di morte
ma in trepida attesa
della sua resurrezione.

Poesie d'Immagini

di Anna Maria A. Sarra

Anna Maria A. Sarra nasce nel 1964 a Teano, in provincia di Caserta. Ha svolto per diversi anni attività imprenditoriale in una società di turismo come Agente di Viaggio.
Moglie, madre di due figli, attraverso la scrittura ha dato voce a un sentire semplice, scorrevole, un narrare con i colori dell'anima la vita, l'amore, attraverso immagini visive prese in prestito dalla realtà circostante.
Amante dell'arte, dei viaggi, della musica classica, instancabile lettrice, dalla mente aperta e poliedrica, consapevole della caducità della vita ha sempre cercato di vivere intensamente ogni singolo momento.
Partecipa dal 2020 a concorsi letterari nazionali e internazionali di poesia e storie brevi, ricevendo numerose segnalazioni di merito e premiazioni con pubblicazioni in antologie.

Piove…

Il viso fra le mani
abbandonato…
gongola lo sguardo
che silente guarda
avanti…
trapassa la pioggia
che silenziosa cade
in un pomeriggio
di primavera
mancata.
Piove, lentamente piove
fra il verde fogliame
di alberi in fiore
grondanti, gocciolano
su pozzanghere scure
ove cerchi d’acqua
giocano a rincorrersi
s’intersecano fra loro
fino a svanire
in uno specchio che
statico riflette
un plumbeo cielo
dal quale scende
una pioggia leggera.
Piove, su pensieri

che rincorrono il sole
su arcobaleni
a volta nel cielo
su fruscii di vento
che sussurrano piano
su vecchi e nuovi
amori, persi
in attimi sospesi
mentre un lampo
di luce squarcia
nuvole che
nel loro piovigginare
restano
come in attesa…
lieve è il tremore
d’un tuono, uno scroscio
annuncia che
la pioggia rumorosa
avanza.

Mar di Toscana…

Mar di Toscana…
desio d'un tempo
solo mio
solinga miro
e silente, l'Elba
distante, guardo
mentre la risacca
rimanda ricordi
di un effimero sogno
voci portate dal vento come
un battito d'ali d'uccello
e sola mi fan sentire
in questo spazio senza fine.

Deserto m'appare
questo mare che
spoglio delle sue voci
affonda in onde
il suo disperato suono,
salate lacrime
lambiscono scogli,
pianto di un silenzioso
passato che la risacca
trascina lontano.

Rotola il mio naufragare
or, fra queste acque,
conchiglie di pensieri
sparse, ritrovo,
odo segreti parlare
d'incomprensibili suoni,
ombre di luci sfocate
che silenziose svaniscono
e, nel mentre, il mare chiama
assorta e muta resto
nel mio melanconico rimembrar.

Dimentichi pensieri

Dimentichi pensieri
impressi
in avvolti pizzini
ritagli
d'antichi sentimenti
rimasti
in un tempo sospesi.
Copiose
lacrime di un pianto
rigano
un amaro rimpianto
memoria
di bruciata gioventù
sognante
in rattristate ombre.
Pizzini
di carta ingiallita
parlano
un linguaggio d'amore
fragranze
di fiori profumati
racchiuse
fra silenti parole
svanendo
in diafani ricordi.

Pescatore di sogni

E scriverò di te
che seduto, silente
ascolti il mare…
curvo e stanco
mentre spieghi le reti
intessendo sogni
che son passati
attraverso le maglie
del tempo…

han visto la luce
per poi precipitare nel buio,
han pianto lacrime
asciugate dal sale,
han riso, di un sorriso
che il sole ha baciato,
han conosciuto l'amore
e il devastante dolore…

han cambiato
quella parte di te
che, pur restando
in quell'alcova di mondo,
continuavi a sognare
raccontando al mare

di tempestosi sogni
che, miseri, son naufragati
e in acque calme
li hai tratti in salvo…

cambiando
quella visione di vita
che tanto amavi e
nel tuo silente narrare che
ora bisbigli al mare
calmo della sera
guardi assorto
i bagliori del tramonto
intessendo nuovi sogni…

e, fra te e te, sussurri
di non aver sognato
per niente.

Son io, forse…

Son io forse
quella donna
seduta oltre
quel verde giardino
ove lembi di pensieri
colorano le siepi
sogni sospesi
come farfalle, danzan
e lievi si posan
su nuvole colorate.
Sguardi persi
nel vuoto spazian
in quell'angolo
di mondo che
pur restando fermo
vaga oltre l'orizzonte
che a forza di mirar
sembra esser
sempre ugual
eppur l'imago
muta
nel suo perenne
mutar.

Son io forse
quella donna

al limitar
del giorno
che persa
guarda
un lento tramontar.
Silente astro
dai luminosi bagliori
rifletti
quell'angolo
d'infinito
ove assorta son
ad ascoltar parole
che in seco parlan
e danzan fra suoni
accompagnate
da lapis
che corre veloce
tracciando
ragnatele di filigrana
a rimembrar
i miei giorni andati.

Son io forse
quella donna…
No! È solo
l'ombra del mio io
che vaga indisturbata
in un libro di poesie.

Il vecchio che ascoltava il mare

Le reti tendi a quel mar
tu, vecchio pescatore che
silente ascolti e ti perdi
nei suoi segreti narrar
come fossero parentesi
di un tempo che non vuol
tornar, parla una lingua
che più non sai udir
e nel mentre ascolti
echi di richiami lontani
lo sguardo volgi
a quell'infinito che
ti rimanda la voce
della risacca che
biancheggiando avvolge
ricordi che han
il sapore del sale
il calore del sole
il profumo del mare.

Sabbia fine che lenta
fluisce fra le dita
come il tempo che
blocchi fra maglie
di reti disfatte

lo vorresti fermar ma
quei granelli si perdono
in una miriade
di cristalli, un luccichio
che al tramonto riflette
quell'angolo di mondo
ove onde di lapislazzuli
dalle sfumature dorate
lievi affiorano e ondeggiano
fra quei pensieri che
come conchiglie sparse
quasi abbandonate
sole restano a sentir
quel mare che
le ha naufragate.

Una Donna raffinata

Va, la notte tutta sola
fra i meandri di un fitto buio
un soave alitare come
un amore che ti sfiora
un venticello che scompiglia
il riposo della mente…

Dormo o son veglia?

Sarà forse un dormiveglia!

Con fare delicato
bussi piano, alla mia mano
e, con voce suadente, dici:

– sveglia! Ho bisogno del tuo tempo –

– Ma, non vedi? Sto dormendo! –

– Sveglia! Ho un pensiero
che mi prende, che
sollecita piano piano
non posso aspettare
all'alba che rischiara,
rischio di dimenticare

ogni più fervido sentire…
Svelta! Prendi carta e penna
e trascrivi ciò che sento –

Con fare trasandato
e ancora un po' assonnata
prendo carta e penna
e provo a seguire
quel filo di pensiero
che mi porta a disegnare
delicate filigrane e
ragnatele colorate…

Adesso che son sveglia,
anche se la notte
è ancora fonda
leggo al chiarore delle stelle
un sentire che coinvolge
e mi porta a sognare
come un eterno innamorato e
il mio sguardo ammirato
va ad una donna raffinata
che, fra versi e righe varie,
ha segnato il suo passare.

La voce del mare

Seduto fra gli scogli
ove la risacca
chiassosa lambisce
quel tratto di costa,
muto resti ad ascoltar
quel mare che parla
di storie antiche
che, silenziose e
segrete, affondano
in abissi profondi.

Scalzo lasci penzolar
le stanche gambe
incurante del vento
che disperde l'essenza
di un momento,
ventagli luminosi
riflettono in un luccichio
d'infinita meraviglia
l'imago d'un tramonto
che silente svanisce
oltre l'orizzonte.

A tratti, ciottoli lanci
a quel mare che

sembra non voler
mai finir di narrare e
assorto in eremi pensieri
che biancheggiando vanno
mentre la risacca
ti rimanda a tratti
la voce di quel mare
che ti fa da compagno.

“Io ombra di un punto lontano
ti osservo persa nel tuo fare
e dipingo con mano veloce
l’attimo di un momento
che mi è rimasto impresso
come un riflesso nella mente”.

Assenze

di Lady M

Lady M., pseudonimo di Martina Venturini, poetessa, correttrice di bozze, editor e redattrice, nasce a Cagliari nel 1987.
Appassionata di canto, teatro e lettura di classici, ha trovato in Shakespeare e Leopardi gli autori che maggiormente hanno influenzato il suo mondo letterario.
L'origine della sua poetica risale all'età adolescenziale, quando giovanissima inizia a comporre i primi versi.
Nel 2018 lavora come consulente tecnico ed editor al romanzo *Shandor*.
L'anno seguente lavora come correttrice di bozze a *Tutto o Niente*.
Nel 2020 pubblica la sua prima raccolta di poesie *Attimi* con lo pseudonimo di Lady M. e diventa redattrice della rivista *Double-O-Seven*, destinata ai membri dell'Associazione Culturale James Bond Italia.
Nel 2021 lavora come correttrice di bozze per privati.

Vita

Immobile
acqua di lago.
Immobile
questa esistenza.
Assenza di vento
tra rigogliose
e verdi fronde
che mutano
aspetto
di stagione in
stagione.
E fili d'argento
decoran la chioma,
solchi sul viso
si mostran leggeri.
Terso il cielo
si specchia
nell'immobile
acqua di lago.
Lo sguardo
l'ammira,
passan stagioni,
immobile
questa esistenza.

L’astro diurno
compie il cammino
carezza quel lago
e dietro i suoi colli
si va a rifugiare.
Giunge il tramonto
e non filo di vento
smuove quel corpo
ma aumentano
fili d’argento
e statica ammira
la notte che giunge.
Immobile
acqua di lago.
Immobile
questa esistenza.

Pietas

Invidia
Angoscia
Chiusura
Pena

Amara speranza
di un bimbo
tra le braccia.

Il vuoto
che tetro
regna indomabile.

Tra quattro mura,
tra quattro volti
tutto immutato.

E lacrime sgorgano
odiata distanza
silenzio e strazio.

Il segreto è osservare dal basso
Versi sparsi

di Elisabetta Liberatore

Elisabetta Liberatore è nata a Pratola Peligna (Aq), nell'Abruzzo "aspro e ferrigno" dell'entroterra appenninico. Appassionata di letteratura, musica e storia, da sempre condivide il suo impegno di lavoro come quadro direttivo bancario con la lettura, lo studio letterario e la scrittura.

Nel 2019 decide di fare il grande passo e proporre i suoi versi al pubblico e alle competizioni letterarie. Ha pubblicato *Dissolvenze e altri frammenti* (Albatros 2020), *Disfonie notturne* (Vitale Editore 2020), *Stagioni. Controcanti in chiaroscuro* (Vitale Editore 2021).

È presente *nell'Enciclopedia di Poesia Contemporanea* 2019 del Premio Mario Luzi e nella raccolta *Pagine d'Arte e Poesia* (Accademia dei Bronzi 2020) e in moltissime antologie di opere vincitrici nell'ambito d'importanti concorsi.

Siamo come l’erba

Siamo come l’erba
felici del sole
e della terra nera,
con le stesse radici avvinghiate
nell’abbraccio di un domani possibile,
uguali nelle mani e nello sguardo
incantato dinanzi al crepuscolo
che incendia orizzonti.
Siamo uniti nella sete e nella fame
affratellati dalla stessa arsura,
con la stessa paura di esser nudi;
siamo anime senza colore
consumate in odissee di sogni,
impigliati in trame sfinite
d’amori e dolori,
scomode ombre
che tessono giostre di muri
e fili spinati dentro muraglie
che oscurano il cielo,
nati su sponde sbagliate
per un perfido gioco
di carte truccato,
o urlanti fuori dai cancelli
a invocare il miracolo,
milioni di favole offese

e desideri scheggiati.
Di notte preghiamo
i nostri lamenti uguali
con le nostre veglie
distese come sudari
sulle nostre paure.
Siamo come l'erba,
miliardi di steli
che attendono l'alba.

Quando è il ventre a parlare

Certe parole
hanno il colore fosco della resa
grigia e immobile,
con l'abitino della festa
tirato a lucido e il viso anonimo
di un uomo qualunque,
una piccola ruota dentata
del meccanismo ghiacciato di un'idea,
il mancato esercizio della coscienza
e un disprezzo discreto
cucito nell'anima;
dall'orlo gualcito della storia
il rigurgito avariato
esonda a cadenze fisse
come quote di un debito inevaso.
Sopporto malamente
il fetore mai sazio di se stesso,
il vuoto lordato di menzogna
e la rabbia sorda dell'odio.
Il tempo tradisce le massime
scolpite nella sacra pietra
che sfida l'eterno,
il sacro lume offeso della Pietà,
risuonano echi malsani
su sentieri d'argilla

ed io esausta di secoli
di colori accesi nelle viscere,
di questi rossi incendiati nella gola,
e del sonno di coscienze vitree
attendo all'angolo
di un appuntamento mancato,
disertando i luoghi afoni
del vostro affanno
e la salsedine blasfema
delle vostre fedi,
senza frasi adeguate
per placare la febbre
del martirio impotente,
armata solo di stupore muto.

Cosa rimane

È ciò che rimane
di questi cerchi chiusi intorno a un'idea
e di pensieri concentrici nella darsena d'ombre
di questo breve cammino assorto.
È ciò che resta
di questa cronologia di mille domande
e barlumi dietro lo sguardo,
dove il sereno è una stilla
pallida come vetro lunare.
È ciò che attendi
dalle tue fughe in avanti dietro una voce chiara,
dalle tue parole libere dentro il giorno che vacilla,
dai tuoi mari tersi chiusi nel petto
immutati e sempre uguali a se stessi,
un'immensa plaga di calmi silenzi
che danzano dinanzi al crepuscolo.
È ciò che speri
da questa povera gioia docile
sul tuo viso rigato di momenti,
da questa filigrana di risvegli
che vaga nell'aria come una promessa.
Questo nulla che assedia la veglia,
questi versi che vestono la sera,
questa quota d'eterno strappata all'oblio
sono tuoi, sono quasi una fiaba.

Tra un prima e un poi

Sono giorni sospesi
tra un prima e un poi,
muti di albe tenere di luce
che accendono
l'affanno del risveglio
sulle zolle scosse da un fremito,
nella lamina eterna dei cicli
che bruciano l'attesa.
Tu, dal chiostro della tua clausura,
ascolti il silenzio di strade deserte
e di piazze calde del sole
di mattine a colori vuote di sguardi,
ore esuli di spazi muti,
taciturni spiazzi e vicoli ombrosi
dove lo sguardo fugge
furtivo sfiorando terrazze
e davanzali di pace e mistero.
Siedi e attendi
in un tempo aspro di quaresime
fatte di luce densa
e di cuori gonfi d'ansia
e aspiri piano un desiderio
che geme nell'anima,
i tuoi luoghi,

e le tue abitudini di anni,
i tuoi passi nella polvere,
che durino ancora…
Così sia.

Lungo i suoi fianchi

Ti vedrà di nuovo scorrere
lungo i suoi fianchi la città,
nello smarrimento d'ombre
del primo albeggiare,
quando il profilo di case e palazzi
è una linea scura
intorno a unidea
e le parole rade
sanno di ruggine
di antichi pensieri.
È il tuo deflusso a gocce,
termini e condizioni
di una resa a rate
nella luce sciatta
che arranca all'assedio
di un cielo senza allegria
e la città si offre nuda
meretrice dagli occhi di ghiaccio.
Il segreto è osservare dal basso
sminuire il richiamo
di un volo a mezz'aria
né vuoto né pieno,
accogliere a mani tese
quest'offerta opaca

senza ritocco
con la pazienza
di chi sgrana preghiere.

Tra polvere e cielo

di Fiorenza Finelli

Fiorenza Finelli è nata nel 1966 a Bologna. Laureata con lode in Lettere Moderne, ha esercitato l'insegnamento presso strutture liceali. Attualmente è comunicatore d'impresa. Ha partecipato a diversi eventi letterari, fra i quali: il XXVI e il XXVII Premio Internazionale di Poesia Inedita "Ossi di seppia", con stampa di Plaquette monografiche "Premio Speciale Assoluto".
Studiosa della poesia di Dino Campana, si classifica tra i vincitori al 4^ Concorso Nazionale del Premio di prosa lirica inedita "La partenza o il ritorno" 2020 - Centro Studi Campaniani - Marradi. Contributo personale nel volume di L. Marcon *Giacomo Leopardi con l'occhio del cuore*, Bertoni Editore, 2019. Ottiene il 2° posto nel Premio editoriale letterario "Il Croco" 2020 Ed. Pomezia Notizie.

Nelle notti di vento

Nelle notti di vento,
quando gli occhi vagano
per mondi sommersi
ed il cuore impazzito
si smarrisce,
lascio parlare
le cose invisibili,
nascoste sotto le radici
della vita.
Mi sollevo dalla polvere,
come albatros leggero
in frullo d'ali,
e risalgo la vetta
di un tempo nuovo,
nell'oblio rarefatto,
cui la materia oppone
doloroso contrappeso.
Tanto mi basta
per sciogliermi da tutto
e volar via, dimenticata.
Canto d'esodo.

Quell'ombra inquieta,
che nel tuo pensier dimora,
quell'ombra silenziosa,

che ignuda a te si mostra,
si dice m'appartenga.
La vedo errare,
a mezza sera,
in un anelito d'eterna partenza
e, sobbalzando lungo
i crinali della mente,
tentare estremi voli
all'altra riva.
È tempo che il mio canto
emigri altrove,
che la mia barca in secca
prenda vento
e salpi verso nuovi mari.

Canto d’esodo

Quell’ombra inquieta,
che nel tuo pensier dimora,
quell’ombra silenziosa,
che ignuda a te si mostra,
si dice m’appartenga.
La vedo errare,
a mezza sera,
in un anelito d’eterna partenza
e, sobbalzando lungo
i crinali della mente,
tentare estremi voli
all’altra riva.
E’ tempo che il mio canto
emigri altrove,
che la mia barca in secca
prenda vento
e salpi verso nuovi mari.

Tacesti per sempre

Tacesti per sempre,
onde cantai il poema
della vita solitaria,
e non ebbe asprezza alcuna
mai a turbare
l'immutabile mio passo.
Così, nel silenzio
deserto, il dolce tocco
mi lambisce di brezza
tenue, al par di coltre,
che trapassate mani
soleano porre a gentil riparo
dei miei innocenti sonni.
S'è rarefatto il tedio
del nulla più aspettare,
nel lento dispiegare il volo
stanco in taciturna sera.
Ma quando annotta,
penosa quiete sale
e parla all'ore vuote,
in un progredir greve
di dissonanze acute
nell'eco del tuo nome.

Innamorarsi di nulla

Innamorarsi di nulla,
perché nulla è quest'antica
solitudine,
nello scalpitar del cuore.
Arrendersi a mille
suggestioni, elettriche
consonanze di simboli
e parole,
in uno spazio onirico,
in cui s'annodano il ricordo
e l'illusione,
per divenir sussulto.
Seguire impulsi ipnotici
per l'aere vespertino
come falene e farsi ascolto.
L'amor che non ha oggetto
arde di brama,
più che pulviscolo ai caldi
raggi nel torrido meriggio.

Cuore nascosto

Forse non sono
che un cuore nascosto
dietro un muro sgretolato,
a ricordarti
nello spazio muschiato
di un silenzio che langue.
Sul sentiero dove
è svanita l'ultima tua orma,
hai lasciato l'innocenza
molle che fu nostra
ed un amore fresco,
sospirato da aliti fanciulli.
L'ombra lunga dell'estate
ormai s'addensa,
curvando verso diluvi
di disperati abbandoni.
Tu non ritornerai, ed io resto
nascosta dove la sera è vuota,
contro un muro sgretolato
a cercar parole mute
nella stretta della memoria.

Memento

Scavo nelle viscere della terra,
per trovare quel che ignoro,
tra le radici insanguinate
dal dolore.
Tu passa altrove, più lontano,
dove l'angoscia della morte
riverbera nel sole.
Respira la vita odorosa,
tra le pietre e l'aria,
e non essere in lutto
per gli anni che verranno.
Riposa le tue membra
in riva a distese saline
di acque addormentate,
nell'ora che, dolce, s'attarda.
E lascia a me,
che non appartengo
a nessuno,
questo sentore amaro
di torba bruciata e questo
vento, che furtivo
scuote la notte nera.
Entra d'impeto nell'amore
e nella bellezza
traboccante di luce,

finché il mistero ti coglierà
per le strade del sogno,
che indomabile irrompe.

Vecchio dei campi

Soffi di vita tra le ombre
esangui della sera,
impresse nell'agonia del tempo,
mentre, in affanno lento,
alla trista riviera volgi
i timorosi passi.

Allor che avrai guadato
l'onda bruna,
andrà codesta vigna desolata
cercando la tua mano
ed i roseti
aulenti piangeran, lassi,
le membra tue sopiti.

Reca il vento da lungi,
pel solitario campo,
un grato squillo;
ritornano i pensier ai giorni
lieti della tua vita agreste,
e lacrimoso tedio a quel
soave tocco l'alma assale.
Necessitate estrema a scherno
avanza, e pur, non te ne cale.

La zolla,
che si desta al primo albore,
la plaga,
che ti pasce al chiaro sole
son la tua cuna acerba,
ove ogni sorte mesta
al suo contrario tende,
come il perir tra l’erba,
che ora dissecca e muore,
ma alfin rinasce
e nuova vita accende.

Solo un ricordo

Viene la sera senza vento
sulla campagna estiva.
La fanciulla canuta,
avvolta nelle bende
della mummia centenaria,
tacita siede all'ombra del fico,
rasente i muri scrostati
della vecchia casa.
Attende che scorrano le ore
lungo la sua schiena flessa.
Sonnecchia.

Molto di qua dal mare,
stridor di gabbiano
depone l'eco
del tempo che ritorna,
rapido come l'amore,
nel lampo fugace
di un ricordo lontano.

Compagno più dolce
mai non ebbe,
lungo il peregrinar
di tutti i giorni andati,
che quel vago sognar,
che mai s'infranse.

Ultimo incontro

Ultimo incontro
per riannodare i fili
sparsi della mia vita
che alla tua cammina.
Mio illeso amore,
breve fu la stagione
spesa per viverti,
prima che il daimon
furioso declinasse
in sereno preludio
di morte.
E quel che ieri inebriava,
oggi, mutato, sfiorisce
nel multiforme inganno
che ci vinse.
Ti devo i pochi giorni
immensi che posarono
il tuo tempo in riva
alla mia anima,
il tocco della gioia
che la pioggia battente
non infradiciò.
Lievi impronte
traccerà la notte
lungo i nostri passi,

che si fan lontani,
e, per rotte incerte,
lenti, si dissolvono,
come fari svaniti
nella nebbia.

Tracce d’amore

di Annalina Paradiso

Annalina Paradiso è nata nel 1961, è laureata in Scienze Economiche e Sociali, è sposata e madre di due figli.
Si occupa di poesie dall’età di 10 anni, ha pubblicato diversi libri ed è presente in celebri riviste e antologie del settore.
Ha al suo attivo, per citarne qualcuno, la pubblicazione dei seguenti libri di poesia: *Frammenti di vita*, edito da Nuova Poesia Contemporanea; *Solitudine*, edito da Vitale Edizioni; *A qualche centimetro dal cuore*, edito da Edibios.
Alla fine della sua attività lavorativa nel sistema bancario, ha deciso di fare della poesia un punto fermo della sua vita, operando nel campo culturale del suo territorio nell’ottica del confronto e della crescita umana e civile che questa forma d’arte comporta.
Vive a Rende.

Famiglia!

Vorrei dirvi di una rondine
che vola nell'immenso,
regina di un vuoto
senza fine, senza nome,
alla ricerca di un cibo
che trasformi
la libertà in amore.
Dal cielo torna
al suo nido
per portargli
il suo sapore,
va e ritorna,
sospinta dal vento,
così come io
torno e sto con voi
perché il bene
si fa desiderio
e la libertà
diventa
solo il suo tempo.

Chiedere aiuto

Un sentore di paura
richiama l'affanno
di un addio.
Mi perdo.
Di fronte a me
il cosmo
di un respiro
intarsiato
d'immobilità.
Sopra di me
il mantello scuro
del cielo lontano
che riduce lo spessore
della libertà.
Straniera,
stregata dalla luce
di una sola stella
cerco altre stelle
per offrire una notte
a questa stanza,
ingoiarne il buio,
e guardarmi attorno
con la smania
di chiedere aiuto
ad una realtà che avanza.

Amanti

Il buio
fa da eco
al nostro spazio.
Ti ho vicino
ma sei lontano,
ti cerco
ma non ti trovo,
credo in te
nei tuoi pensieri
ma adesso dove sei?
Il silenzio risponde
che non riusciamo
a incontrarci,
la follia urla
che possiamo
solo esserci.
Per noi amanti
la felicità è solo
una promessa avara,
nella sua corposità
ci unisce e
nel suo tempo
ci separa.

Invano

Invano ho cercato
nella notte
l'oscurità
di un ricordo.
Invano ho sognato
nel giorno
la luce
di un momento.
Invano ho desiderato
che il buio
fosse meno lucente
del bianco.
Invano ho volato
nel vuoto,
perché una carezza
non si spegnesse
d'incanto.
Invano ho dormito
con gli occhi
abbassati,
mentre gli spettri
scagliavano
contro la vita
amori accecati.

Traccia d'amore

I giorni passano
lenti e uguali,
uno dopo l'altro,
grigi,
come la nebbia
che avvolge
la spiaggia
e non permette
di distinguere
i contorni
delle cose.
Il mare ruggisce
lontano, mentre
nuove impronte
scolpiscono
sulla vecchia sabbia
il segreto
di una traccia d'amore.
Sopra di me
il cielo si scontra
coi confini dei miei
pensieri, e intanto
davanti a me
i gabbiani diventano

fantasmi volanti
che vengono subito
inghiottiti
dalla foschia
dalla quale emergono
improvvisi
e intanto amo.

Il futuro immaginato

di Antonino Nastasi

Antonino Nastasi (Nino per gli amici), nasce a Barcellona P.G. nel 1955 e da lì, all'età di 17 anni, parte per la carriera militare, che conclude nel 2010 col grado di Capitano di Fregata, dopo aver girovagato per navi (ben 18 anni) e caserme (altri 20 circa) sia in Italia, sia all'estero.
Nel 2014 pubblica il suo primo e, per ora, unico libro: *Eppur mi son scordato di te*, un racconto breve che riporta i suoi "primi brividi d'amore".
Da circa un anno ha iniziato a scrivere poesie, sia in metrica, sia in versi sciolti.

L'ancora salpo

L'ancora salpo
per mari lontani,
che mi consentiranno
di raggiungere
luoghi accoglienti
dove mai sarò straniero.
Sbarcherò altero
tra i più abbienti,
così da fingere
di non essere in affanno
per quei domani
da affrontare calmo.
E mi sembrerà, son certo,
la vita mia un concerto
di sogni realizzati
e sonni mai agitati.
Quei luoghi consentiranno
senza alcun inganno
il futuro immaginato
sin da quando sono nato.

Proiettili d’amore

C’è in atto un bombardamento
di stelle innamorate
di notti illuminate
che avvolgono le anime
che fluttuano nel cielo.
Le vedo quelle stelle
che si abbracciano più strette
e non vogliono lasciare
i cuori già allacciati.
È cominciato ieri
quando il mondo è stato invaso
da proiettili d’amore
che pur senza rumore
sono esplosi in ogni caso.

L'amore e la vita di sfuggita

di Daniela Bindinelli

Daniela Bindinelli è nata quarantatré anni fa a Verona, la città nella quale tuttora risiede con la sua famiglia.
È un'insegnante. Ama la poesia da sempre, prediligendo la lirica di Eugenio Montale e di Alda Merini. Nel tempo libero, legge, scrive poesie e si dedica al volontariato.
La scrittura e la poesia rappresentano per l'autrice un'esperienza di libertà e di crescita, di contemplazione dell'anima e della vita.
Recentemente, ha partecipato ad alcuni concorsi letterari, ricevendone riconoscimenti.

L’amore

In un attimo
Si svela
Poi trema
Scompare e
Riappare.
Semplice chimera
O speranza nella sera
Ritrova in ognuno
Il ricordo
Di ciò
Che era.

Corolla

Di pensieri
Di petali
E di sogni
Corolla
Rosa
Nella pallida sera
Corolla
Per chi ama
E per chi spera
Corolla di luce
E di tenebra
Raccogli
La mia anima
In questa primavera.

Ti immagino

Così
Nella luce
E nel calore
Nel sorriso
E nel tremore
Del tuo dolore.
Ma poi
Ti fermi
T'imbronci
E mi scruti:
ora sei tu
che hai visto
il mio dolore.
Che lotta
Che fremito
È la vita:
noi la vediamo
solo di sfuggita.
Libellula tremula

Corri nell'aria
Dei mille pensieri
Ti libri
E mi sfiori

Fra mille colori
E poi te ne vai
Nell'istante
Infinito
Di un cielo
Stupito.

Lacrima di pioggia

Che scendi
Sul mio viso
E lo ricopri
Di frammenti
Di ricordi
E di istanti
Lacrima di pioggia
Che scorri
Sui miei occhi
Tremi
Per un attimo
E poi te ne vai
Su nel cielo
D'improvviso
Ora vedo
Il tuo viso.

Suono

Un suono
Ci porta lontano
Un suono
Ritorna
Di giorno
Un suono
Riverbera
Nel vento
E svela il suo tormento.
Il suono ritorna
E si fa intenso
Suono di luce
Ora
Nel firmamento.

Di sfuggita

Ti penso
Mi corico
E mi sveglio
Esco
Ti vedo
Assorto e inquieto
Che cammini
Mi chiami
Mi sorridi
E te ne vai
Di sfuggita
Ti volti
E mi dici
A presto
Vedrai

Forse un giorno
Ci rivedremo
E giocheremo
Con le nuvole
Lassù nel cielo
Nella pace
E nel silenzio
Dei mille colori degli angeli

E nel rapimento
Torneremo a guardarci
Per un istante.

Petali di luce
Sussurrano
Parole
E richiami
Per l’anima
Ondivaga
E narrano
Echi lontani
Che sfumano
Nel cielo
Dai mille riverberi

Frammenti
Nel tempo e nel ricordo
Ci muoviamo
Fragili creature
Vive nel sospiro
Di un attimo
Contempliamo
Frammenti
Di cielo.

Rivelazioni sommerse

di Barbara Calcinelli

Barbara Calcinelli nasce a Bologna nel maggio del ’79. HR Manager da 22 anni, inizia a condividere versi di una vita nel 2019 partecipando a concorsi letterari. Ottiene prestigiosi riconoscimenti e pubblica il suo libro d’esordio *2 vicoli, in anticipo sulla felicità*, *Puntoacapo* Editrice a ottobre 2020.
Membro di giuria di due edizioni del concorso #telodicoinpoesia (grazie al Fiocchetto Lilla per la lotta dei Disturbi della Nutrizione e dell’Alimentazione).
Nel 2020 viene pubblicata in due riviste letterarie rumene “Sintagmi Letterari” e “Banchetul”, come in diversi blog letterari e antologie.
È docente per scuole di formazione manageriale, Consigliera del Comitato Direttivo di Fa.ne.p Onlus (Famiglie Neuropsichiatriche Pediatriche) e coordinatrice del Team di Comunicazione e redattrice.

Dissolvenza

In fondo
alla via dei giorni

cosa ne farò di tutti questi muri?
Cosa ne sarà
della luce che
scettica
ci accende
di fantasmi la morsa?
Dunque, resterà accesa?
E chissà

cos'altro poi
oltre l'essenza
masticata
di una più che svanita
assenza in grani.

Ogni volta resto

All’imbrunire
di un fiore
sergente risponde
un autunno austero
sgarbato di calli
e poco accorto
all’ormai funesta bellezza stinta.
E litigo tutte le stagioni sopra
se di sapore non so che allattare.

Incanala il gelo
ogni uscita che sputa
alcuna via,
alcuna,
vana.
S’accascia di petalo
il silenzio assoluto
della fine che una lacrima sgorga.

E li stendo gli occhi,
mollette in coppia
di legno,
se posso,
non è per capirne il volo

se indico la debolezza per nome.

Diversamente luce

osservo le braccia del buio
affilati passi dopo l’inciampo

par cupo l’universo che infinito
e se di fango sgrido
di sciacquo le perdo, le scale

tela immutata e si ferma la riva
se brillo e se
maroso qualcuno viene. Viene
Qualcuno

se candelo sul davanzale
il girasole notturno.

Ti direi perchè

Scivolando è sempre più pietra
e peso
e strati. Come la mano con la cinghia.

È che di fondo
non v'è cura
eppur t'appartiene quella goccia

CHE SINGULTA e leviga e ignori.

Dolore
che di volto ti riga
il fondo delle curve
come il bisogno di non alzarti alla vita
per l'ardito restare
sul fondo
a far di tuo
le cose piccole
CHE SAI
essere importanti per la vena scottata
che hai.

In cammino

di Laura Vanoli

Laura Vanoli è nata a Bergamo, è sposata e ha due figli. Si occupa di marketing di comunicazione presso una multinazionale. Nel tempo libero ama leggere, scrivere, cucinare, camminare, pedalare e stare all'aria aperta, soprattutto in montagna. Appena possibile, visita piccoli borghi e città d'arte.
Laureata in Lingue e Letterature Straniere presso l'Università degli Studi di Bergamo, è attualmente impiegata presso una multinazionale con sede in provincia di Bergamo nel ruolo di addetta al marketing di comunicazione.
Presente in diverse antologie poetiche e narrative.
Menzioni di merito, finalista, tra i primi classificati in vari concorsi poetici nazionali e internazionali.
Segue corsi di scrittura creativa, laboratori di scrittura per narrativa e poesia.

Al largo

Era maggio,
il torrente scintillava di verde
e disegnava placide forme nuove.
Di schianto si spalancò una porta
fino ad allora sconosciuta.
Fu come una diga che cede:
acqua che travolge,
vento che investe,
una forza sconosciuta
a capovolgere il mio orizzonte.
Il torrente si fece fiume:
corrente impetuosa,
discese improvvise,
inevitabili cascate.
Arrivai alla foce
ed ero un fantoccio sfatto.
Frastornata, confusa.
Sopravvissuta, ancora viva.
Certe porte si aprono
per non chiudersi mai più,
trascinano in alto mare
e anche se si torna a riva
si resta sempre al largo.
E anche se si ritrova casa,
ci si sente sempre soli.

Dispersa

La maschera si scioglie,
giaccio a faccia in giù.
Lacrime indisciplinate soffocano il respiro.
Una folla di pensieri mi piove addosso.
Dove si erano nascosti,
perché tornano a galla.
Vienimi a cercare,
schiudi il mio pugno stretto.
Vienimi a prendere,
apri la mia mano,
appoggia lieve il tuo palmo contro il mio.
Circondami, cingimi,
copri le mie spalle nude.
Ripetimi le sue parole,
sussurrami le tue.
Prendimi per mano,
trovami un rifugio.
Portami a casa,
assolvimi, liberami,
donami il sonno.
Lasciami, trattienimi.
Chiamami col mio nome,
che io possa ritrovarmi.

Ebano 2020

Fiumi di acqua fangosa
lungo strade strette e tortuose,
un abbraccio materno
a proteggere il nostro destino
da nubi cariche di grandine.
Ho pensato che non avrebbe smesso
di piovere mai
sui dolori dell'umanità,
ma un sole spaurito
mi sorprende alle spalle
e illumina radure verdi di serenità.
Un cane fantasma
inzuppato di pioggia
sta come monito
ai bordi della realtà,
spettrale e vero
osserva l'inutile transito
di chi si illude di trovare un senso.
La natura umana è fragile,
la mente è rigida come ebano,
ma a tratti si tramuta in un elastico
che indeciso si dilata
verso l'atroce,
verso il sublime.

Parole

Parole. Come sciami di vespe.
Quelle inutili, che non chiedono mai.
Quelle superflue, con l'obbligo di ascoltare.
Quelle da dire, necessarie.
Altre parole, ancora parole,
come pioggia su un lucernario,
che tenta un conforto, che porta un ricordo,
quando ancora credevo esistesse un rifugio.
Poche parole bastano per descrivere un abisso?
Quante ne servirebbero per colmare una voragine.
Lo vedi tu il mio buio? Li vedi i suoi confini?
Ho soltanto un fiammifero e lame di ghiaccio.
Di tutte le parole che mi regalavi tu,
scivolate via insieme ai tuoi milioni di passi,
ai tuoi metri verso il cielo, ad un'altra velocità,
solo una è rimasta: perché.
E venne il tempo di un giro di valzer fuori tempo,
che turbinio, che splendida musica, che scintillio di luci.
Finché il pavimento di specchi andò in frantumi
e il cavaliere perse entrambe le strade.
Restarono i suoi passi sulla neve,
fu uno splendido inverno,
la neve si sciolse a maggio e mai più tornò.

Venne luglio e fu dolore,
inconsapevole e bardato di rosso.
Oggi invento storie nuove,
ma le trame sono antiche,
non si narra di balli di corte,
non ci si illude di un lieto fine.
Si attende pazienti la perfezione del silenzio,
il pallore di un viso,
la lunga attesa, un ritorno.

Piccola mia

Rubami il sonno,
rubami il respiro e l'anima,
rubami il tempo
per poter guardare i tuoi occhi chiusi,
immaginando i tuoi sogni dalle mani giunte.
Riponi le mie veglie notturne
nella scatola dei tuoi segreti,
conservale, richiamale, accarezzale,
quando sarò altrove.
Ricordati dei miei sospiri,
della dolcezza che trabocca dal mio cuore,
di un amore infinito che ora puoi solo percepire.
Accoccolati contro di me,
rannicchiati come prima dell'essere,
per una notte torna desiderio,
speranza, futuro, sogno.
Sii piccola e indifesa,
sii fragile e delicata,
avvolta dal mio abbraccio,
protetta dal mio petto.
Sonno, non tornare,
notte, non finire.
Possa il tuo respiro restare sospeso nell'aria,
entrare nella mia anima.
Possa questa bolla fluttuare

all’infinito nel tempo e nello spazio,
donarmi l’illusione di un domani
che si dimentichi di noi,
che resti, presente, ora e per sempre.

Promessa

Me lo prometti?
Seguì un sì,
fra dita intrecciate
e occhi negli occhi.
Seguì un abbraccio
di petti palpitanti
e respiri profondi.
Te lo prometto.
E fu una dichiarazione d'intenti,
un dare a pegno,
sperando un giorno
di riscattare la promessa.
Il piano inclinato si fece verticale,
la salita diventò arrampicata,
il mondo scivolava
e si ammucchiava a terra.
Ambii alla vetta,
mi affidai al sentiero,
ma la neve inghiottiva ogni passo,
una neve inaspettata e beffarda,
tra nubi ostinate nel vento.
Come avanzare,
persistere, credere?
Era un giugno senza sole
che invitava ad arretrare,

rassegnarsi, rinunciare.
La promessa sottochiave
sussurrava il mio nome,
ma il destino era ostile,
il silenzio disarmante,
la prigione accogliente.
Sabbia tra le mani,
oro tra i ricordi,
giorni interminabili,
minuti affilati.
Me lo prometti?
A dita incrociate,
seguì un sì.

Sera

Le luci della sera
proteggono gli amanti,
svelano l'intimità di case senza tende,
mi rendono vulnerabile
nel mezzo della via,
illuminano domande orfane di risposte.
Dove sono stata
durante questo tempo sospeso,
quanti giorni ho sprecato controvento,
passi incerti a cercare pezzi di vetro.
Ci guardiamo nudi, increduli.
Siamo in piedi, siamo vivi,
nonostante la tempesta,
nonostante noi.
Le cicatrici sul corpo
mostrano il dolore subìto, sconfitto.
Le cicatrici dell'anima
sono trasparenti come meduse,
bruciano e affascinano,
fluttuano e trafiggono.
Le cicatrici del cuore
pulsano ad ogni battito,
scandiscono il passato,
incidono il presente,
promettono un futuro.

La paura si annida nella pancia,
invisibile e pregnante,
sentinella vigile di ciò che fu,
compagna inaffidabile
delle ore buie della sera.

Coriandoli di voci

di Lara Petri

Lara Petri si è laureata in Scienze e Tecniche Psicologiche all'Università di Padova con 110/110 ed è attualmente iscritta al secondo anno magistrale di Neuroscienze e Riabilitazione Neuropsicologica dell'Università di Padova. Ha sempre amato la scrittura come forma d'arte, come espressione e ricerca del proprio "io", in analogia con la psicologia che con la scrittura condivide questo: l'accettazione di se stessi attraverso la scoperta dei propri aspetti terribili e bellissimi che ci rendono squisitamente umani. La scrittura è un hobby ma è anche un mezzo attraverso il quale potersi conoscere, potersi liberare, potersi vedere. In futuro sogna di poter iniziare la propria attività da neuropsicologa, sia in ambito clinico che forense, parallelamente all'attività di ricerca in ambito neuropsicologico.

Essenza

Di parole dette
sfinite infinite
ruggenti pesanti.
Di pensieri pensati
viziosi inibiti
crudeli banali.
Di emozioni esperite
ridondanti leggere
assidue carnali.
Di preghiere mai fatte
sorde cupe
imploranti mute.
Di imperativi trasgrediti
inutili interiorizzati
assillanti colpevoli.
Di amore e di morte.
Di rabbia e di sangue.
Di vino e di poesia.
Siamo fatti.

Fotografia

Il cielo negli occhi
è più blu del vento verde
della terra dove giaccio.
L'amaca rossa dondola
fra i tronchi forti di alberi
che profumano di estate.
Nel mondo io oggi
sono lo sfondo di un momento banale
che mi contempla e mi appartiene.
Non è che un attimo passato
finito ricordo vissuto
di un tempo rivolto all'indietro
e io dentro
a vivere
e già a ricordare.

Vittorie e sconfitte

Cado
nel peccato e nell'errore
quando mi tradisco
con qualunque altra identità.
Cado
come uomo
essere umano
quando mi volto altrove
e fingo di non vedere.
Cado miserabile
nell'odio di vendetta terrena
e per la terra
che fa nascere invidia
in ogni stagione.
Mi rialzo vittorioso
quando non mi serve Dio
per essere misericordioso
e do amore
all'amore non richiesto
che si presenta quotidiano
anche quando è difficile restare
a guardare
ma resto
e vedo.

Credo

Credo nella pioggia estiva
che ha un buon odore
e nel mare d'inverno
che resta come una promessa.
Nel giorno che si allunga
e in quello più breve
quando un camino lo scalda
in una famiglia riunita.
Credo nel padre
mio padre
che mi ama fervente
e nella madre
mia madre
che è rinata in me.
Nella condivisione dei momenti
attraverso lacrime e parole
per non lasciarli sfumare.
Credo ai tuoi occhi tristi
quando la vita è misera e
alla rabbia nel sangue
quando la vita è crudele.
Nella lotta coesa
contro ogni ingiustizia
che impera e disarma
l'animo puro di chi crede

di credere nel buono del mondo.
Credo alle fragilità
e debolezze umane
che sono espressione di natura
e imperfezione che è grazia
e magia.
Nella commozione sincera
di lacrime salate
così dolci.
Credo nell'uomo che crede
senza pretesto o imposizione
nella libertà e nell'amore
nella morte e nel dolore.
Credo.

RISCONTRI

RIVISTA DI CULTURA E DI ATTUALITÀ

Abbonamento:
(contrassegno, bonifico, Paypal)

Cartaceo: € 50

Digitale: € 20

Col primo numero ricevi due libri in omaggio!

IL TACCUINO DEL DIAVOLO

romanzo storico

+

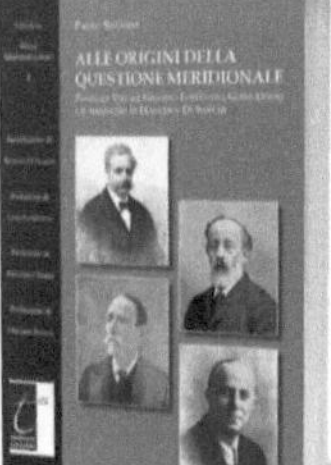

ALLE ORIGINI DELLA QUESTIONE MERIDIONALE

saggio

Abbonamenti

Per il 2021, Italia ed estero, € 50; Digitale, € 20

Bonifico bancario
(IBAN: IT43X0306915102100000004716)
Paypal (ilterebintoedizioni@libero.it)

www.ingramcontent.com/pod-product-compliance
Ingram Content Group UK Ltd.
Pitfield, Milton Keynes, MK11 3LW, UK
UKHW041956190726
13854UKWH00005B/1998